COMPARAISON

DE LA LANGUE PUNIQUE

ET DE LA LANGUE IRLANDOISE,

Au moyen de la Scène Punique de la comédie de **Plaute,** *intitulée :* Le Carthaginois ;

Par M. le Colonel WALLANCEY.

1787.

COMPARAISON

DE LA LANGUE PUNIQUE

ET DE LA LANGUE IRLANDOISE.

MALGRÉ le peu d'estime que quelques personnes semblent faire de la science des étymologies, on paroît en général mieux sentir aujourd'hui leur utilité. Des hommes d'un mérite distingué s'en occupent, et elles les ont conduits à des résultats, sinon certains, du moins ingénieux. On ne sauroit disconvenir que les étymologies peuvent jeter le plus grand jour sur la haute antiquité, sur-tout quand elles confirment quelques faits déja soupçonnés, ou que ces faits viennent à leur appui. L'étude des langues primitives est donc très-utile à l'antiquaire et au philosophe, puisque l'histoire de l'origine des langues, est le meilleur moyen de remonter à celle des nations. J'ai cru rendre service aux amateurs des recherches de ce genre, en leur faisant connoître cette comparaison singulière du Punique et de l'Irlandois.

On avoit toujours pensé que l'Irlandois étoit composé du Celtique, et de l'ancienne langue Espagnole ou Basque.

M. de Wallancey, auteur d'un essai sur l'antiquité de la langue Irlandoise, d'une grammaire de cette langue, et de plusieurs dissertations très-intéressantes, imprimées dans un recueil de pièces relatives aux antiquités Irlandoises (1), assure au contraire que cette langue n'a aucun rapport avec le Basque, et que ceux qui voudront prendre la peine de le comparer avec l'Irlandois, en seront bientôt convaincus.

---

(1) Collectanea de rebus Hibernicis. *Dubl.* 1786, 4 *vol.*

Mais, ajoute-t-il, l'Irlandois offre une identité remarquable, et souvent parfaite avec le Celtique, le Punique, le Phénicien et l'Hébreu, et il pense qu'on doit le regarder comme principalement composé du Punique et du Celtique.

M. de Wallancey a comparé l'Irlandois avec la scène Punique du Carthaginois de Plaute, qui est le seul monument, du moins un peu considérable, de cette langue qui nous soit parvenu. Il a rendu chaque mot Punique par le mot Irlandois dont l'orthographe présentoit le rapport le plus marqué; et la traduction Angloise qu'il nous a donnée de ces mots réunis, offre un sens qui convient très-bien à la situation; et cette traduction ne s'éloigne point en général de l'interprétation que plusieurs auteurs nous ont donnée de cette scène. Il est donc très-probable que la langue Irlandoise pourroit servir à expliquer les monumens Puniques, si le hasard en faisoit découvrir.

L'histoire, selon M. de Wallancey, vient encore à l'appui de l'étymologie ; car tous les auteurs s'accordent à dire que les Irlandois ont reçu leurs lettres des Phéniciens , qui connoissoient les îles Britanniques ou Cassiterides. C'est la raison qui fit nommer la langue Irlandoise *bearla feni* , dialecte Phénicien ; et c'est dans ce même dialecte que M. de Wallancey a écrit la scène de Plaute.

Cet auteur, dit M. de Wallancey, publia probablement cette scène en caractères latins, qui étoient en usage à Carthage dès la fin de la première guerre Punique. Sa comédie étoit imitée d'une tragédie Grecque d'Aristarque , intitulée l'Achille, et il y avoit sans doute trouvé cette scène, qu'il ne fit que copier.

Le texte a surement subi plusieurs altérations dans les mains des copistes. M. de Wallancey s'est servi de l'édition de 1482.

J'ai placé en regard le texte Punique,
tel que M. de Wallancey l'a donné
d'après cette édition, et le texte Irlandois, pour faire sentir leur identité.

J'ai mis en regard aussi la traduction latine de Mocenigus, et la traduction de l'Irlandois, d'après la ver-
sion Angloise de M. de Wallancey,
afin de faire voir en quoi diffèrent ces
deux interprètes.

TEXTE DE PLAUTE.

1. Nyth al o nim ua lonuth sicorathissi me com syth
2. Chim lach chunyth mum ys tyal mycthi barii
   im schi.
3. Lipho can ethyth by mithii ad ædan binuthii
4. Byr nar ob syllo homal o nim ! ubymis isyrthoho
5. Byr lym mo thym noctothii nel ech an ti daisc
   machou.
6. Ys i de lebrim thyfe lyth chy lys chon temlyph ula
7. Uth bynim ys diburt hynn ocuthnu Agorastocles !
8. Yt man eth ithychirsae lycoth sith nasa
9. Bu ni id chillu ili guby lim la si bithym
10. Bo dyalyther ayunyn mysly mono chetl us im .
11. Ec anolim uo lanus succur ratim misti atticum esse
12. Con cubitu mabel lo cutin bean ha la cant chona
    enuses.
13. Huie csi lec pan esse, athi dm ascon alem in dubart
    felo no buth ume.
14. Celt um co mu cro lueni ! ateni mauo suber r
    benthyach Agorastoclem
15. Ex te se aneche na soctelia eli cos alem as dubert ar
    mi comps ,
16. Uesptis aod eanec lic tor bo désiussum lim nim
    co lus.

———

TEXTE IRLANDOIS, *Bearla Feni.*

1. N'iaith all o nimh uath lonnaithe ! socruidhse me
   com sith.
2. Chimi lach chuinigh ! muini is toil , miocht beiridh
   iar mo scith.
3. Liomhtha can ati bi mitche ad eadan beannaithe ;
4. Bior nar obsiladh umhal ; o nimh ! ibhim a frotha !
5. Beith liom ! mo thime noctaithe , niel ach an ti
   daisic mac coinne
6. Is i de leabhraim tafach leith , chi lis con
   teampluibh ulla
7. Uch bin nim i is de beart inn a ccomhnuithe
   Agorastocles !
8. Itche mana ith a chithirsi ; leicceath sith nosa !
9. Buaine na iad cheile ile : gabh liom an la so bithim' !
10. Bo dileachtach nionath n'isle , mon cothoil us im
11. Ecce all o nim uath lonnaithe ! socair-ratai mitche
    aiticimse
12. Con cuibet meabail le cuta bean , tlait le caint con
    inisis
13. Huch ! caisi leicc pian esse athi dam , as con ailim
    in dubart felo no buth ume
14. Celt uaim c'a mocro luani ! athini me an subha
    ar beanuath Agorastocles
15. Ece te so a Neach na soichle uile cos ailim as
    dubairt ; ar me compais ,
16. Is bidis aodh eineac lic Tor , ba desiughim le mo
    nimh co lus.

TRADUCTION DE MOCENIGUS.

1. Deos deasque veneror, qui hanc urbem colunt ut
   quod de meâ re
2. Huc veneri te venerim. Measque ut gnatas et mei
   fratris filium
3. Reperirem. Esiritis : id vostram fidem quæ mihi
   sureptæ sunt
4. Et fratris filium. Qui mihi ante hac hospes Anti-
   madas fuit
5. Eum fecisse aiunt : sibi quod faciundum fuit ejus
   filium
6. Hic prædicant esse Agorastoclem. Deum hospi-
   talem ac tesseram
7. Mecum fero. In hisce habitare monstratust regioni-
   bus.
8. Hos percontabor , qui huc egrediuntur foras.

TRADUCTION LITTÉRALE

DE LA VERSION ANGLOISE,

Faite mot pour mot sur le texte Irlandois.

1. O ! souveraine puissante divinité de ce pays, puissante terrible ! tranquillise-moi avec le repos.

2. Support des foibles captifs, que ta volonté soit d'instruire (moi) pour retrouver mes enfans, Après ma fatigue.

3. Permets qu'il vienne à se passer, que ma fervente prière soit bénie devant toi.

4. Source non refusée, pour couler sur l'humilié O ! divinité, que je puisse boire de tes eaux.

5. Sois avec moi ! mes terreurs étant dissipées ; je n'ai d'autre intention que de retrouver mes filles.

6. Cette demande particulière est celle que j'ai faite, en pleurant leur infortune dans (ton) temple sacré.

7. O ! douce divinité, on dit qu'en cette place habite Agorastocles.

8. Si le sujet de ma demande peut paroître (à) toi être juste, maintenant accorde (moi) la paix.

9. Ne les cache pas pour toujours. O ! que je puisse retrouver mes filles aujourd'hui.

10. Etant orphelines, elles pourront être la proie de la vraie lie des hommes, à moins que ce ne soit ta volonté (de donner) des nouvelles d'elles.

11. O ! grande divinité, puissante, terrible, regarde (moi) ; favorise avec le succès la grace que je te demande.

12. Sans une trompeuse fraude, ou une efféminée rage,
avec un humble langage j'ai dit mon intention.

13. Hélas ! l'oubli de la cause que j'ai établie devant
toi, pourroit être la peine de mort pour moi : ne
me laisse pas rencontrer aucun secret malheur.

14. Ne cache pas à moi les enfans de mes lombes,
et accorde-moi le plaisir de retrouver Agorastocles.

15. Regarde, oh divinité ! que c'est l'unique objet de
joie pour lequel ardemment je prie.

16. Et qu'il y aura d'agréables feux sur des tours de
pierres, que je préparerai à brûler pour ma
divinité.

Dans les scènes suivantes , Hannon dit encore quelques vers Carthaginois. Mais l'exemple que j'ai rapporté me paroît une pièce de comparaison suffisante. Je citerai seulement deux vers de la septième scène du cinquième acte , qui offrent, avec l'Irlandois , le rapport le plus parfait.

1. *Pun.* Handone silli Hanun bene silli in mustine
   Irl. Handone silli Hanum bene , silli in mustine
   Trad. Lorsque Vénus se montre douce et accorde ses faveurs , elles les accorde liées ou enchaînées avec les infortunes.

2. *Pun.* Meipsi et en este dum et a lam na cestin um.
   Irl. Meipsi et an eisti dam alaim na ceistin am.
   Trad. Ecoutez-moi et jugez, et ne me questionnez pas avec promptitude sur ce qui fait l'objet de votre surprise.

M. de Wallancey dit que le Punique s'éloigne beaucoup plus de l'Hébreu que de l'Irlandois. Bochart a transcrit les dix premiers vers de la scène d'Hannon en Hébreu ; je les joins ici pour qu'on en puisse faire la comparaison.

1. Na eth eljonim veeljonoth sechorath jismecun
   zoth
2. Chi malachai jitthemu : maslia middabarchen iski.
3. Lephurcanath eth beni eth jad udi ubénothui.
4. Berua rob sellahem eljonim ubimesuratebem.
5. Beterem moth anoth othi helech Antidamarchon,
6. Is sejada li ; Beram tippel eth chele sechinathim
   leophel.
7. Eth ben amis dibbur tham nocot nave Agorastocles.
8. Otheim anuthi hu chior seeli choc : zoth nose.
9. Binni ed chi lo haelle gébulim laseboth tham.
10. Bo di all thera iuna ; Hinno , esal im mancar lo
    sem.

TRADUCTION DE BOCHART.

1. Rogo deos et deas qui hanc regionem tuentur

2. Ut consilia mea compleantur : Prosperum sit ex
   ductu eorum negotium meum.

3. Ad liberationem filii mei manu prædonis, et
   filiarum mearum.

4. Dii per spiritum multum qui estis in ipsis , et per
   providentiam suam

5. Ante obitum diversari apud me solebat Antida-
   marchus,

6. Vir mihi familiaris ; sed is eorum cœtibus junctus
   est , quorum habitatio est in caligine.

7. Filium ejus constans fama est ibi fixisse sedem
   Agorastoclem (nomine).

8. Sigillum hospitii mei est tabula sculpta , cujus
   sculptura est Deus meus : id fero.

9. Indicavit mihi testis eum habitare in his finibus.

10. Venit aliquis per portam hanc ; ecce eum ; rogabo
    numquid noverit nomen (Agorastoclis).